CHINESISCHES HOROSKOP

SCHLANGE

KWOK MAN-HO

ars Edition

Ein Dorling-Kindersley-Buch

Senior Editor Sharon Lucas
Art Editor Camilla Fox
Managing Editor Krystyna Mayer
Managing Art Editor Derek Coombes
DTP Designer Doug Miller
Production Controller Antony Heller

Illustrationen: Danuta Mayer 4, 8, 11, 17, 27, 29, 31, 33, 35; Giuliano Fornari 21; Jane Thomson; Sarah Ponder.

Fotografien: Steve Gorton, Eric Crichton, Dave King, Diana Miller, Steve Shott, Chris Stevens, Paul Williams. Unser Dank gilt: The Bristol City Museum & Art Gallery/Oriental Section, The British Museum, Chinese Post Office, The Powell-Cotton-Museum.

Bildnachweise: Bridgeman Art Library/Oriental Museum; Durham University 15; The British Museum 23 u.l.; Circa Photo Library 14.

Ins Deutsche übertragen von Sonja Schuhmacher
Printed and bound in Hong Kong

ISBN 3-7607-1163-4

INHALT

Die chinesische Astrologie

Seit Jahrtausenden bedienen sich die Chinesen der Astrologie und der Religion, um zwischen Mensch und Natur ein harmonisches Verhältnis herzustellen.

Der Ursprung der zwölf Tierkreiszeichen der chinesischen Astrologie – Ratte, Büffel, Tiger, Hase, Drache, Schlange, Pferd, Ziege, Affe, Hahn, Hund und Schwein – wird wohl für immer ein Rätsel bleiben. Dennoch haben diese Symbole eine tiefe Bedeutung. Sie stehen nicht nur für allgemeine Tendenzen eines Jahres und gute oder schlechte Zeiten, sondern gelten auch als Spiegelbilder des Universums.

Symbol von Yin und Yang
Weiß steht für die weibliche Kraft des Yin und Schwarz für die männliche des Yang.

Yin und Yang

All unsere Charakterzüge und Stimmungen, unser Gesundheitszustand und unser Schicksal sind Ausdruck übergeordneter Prozesse im Universum. Die Chinesen glauben, daß alle Lebewesen und Dinge im Universum durch die dynamischen kosmischen Kräfte von Yin und Yang im Gleichgewicht gehalten werden. Yin steht für das weibliche Prinzip, für Wasser, Kühle, Mond und Regen. Yang ist das maskuline Prinzip, das Feste, die Wärme, Sonne und Erde. Nach altem Glauben entstanden aus den konzentrierten Kräften von Yin und Yang die vier Jahreszeiten und aus ihrer Aufspaltung die Vielzahl von Geschöpfen auf Erden.

So werden auch die zwölf chinesischen Tierkreiszeichen entweder mit Yin oder mit Yang verbunden. Im Winter steigt der Einfluß von Yin, während sich mit dem herannahenden Frühling wieder die Kräfte des Yang durchsetzen. Auch der Lauf eines Tages wird vom ständigen Wechsel und vom

Zusammenspiel der beiden Pole beherrscht. Aber natürlich sind auch wir ihrem Einfluß unterworfen.

In jedem Menschen wirkt ein individuelles Kräfteverhältnis von Yin und Yang, das unsere Stimmungen, Pläne und Gesundheit bestimmt. Darüber hinaus reagieren wir auf äußere Einflüsse wie Wetter, Umgebung und Mitmenschen.

Die fünf Elemente

Alles, was wir berühren, sehen oder schmecken können, gehört zu einem der fünf Grundelemente - Holz, Feuer, Erde, Gold und Wasser.

Das Element Feuer zum Beispiel wird der Schlange und dem Pferd zugeordnet. Es repräsentiert die Farbe Rot, bittere Speisen, den Sommer und die Freude. Das Wirken der verschiedenen Elemente beeinflußt unser Schicksal.

Entdecken Sie Ihr Selbst

Die chinesische Astrologie kann Ihnen helfen, ein gesundes Gleichgewicht zwischen Ihrem Yin und Yang herzustellen. Sie zeigt Ihnen, welches Element Ihnen entspricht und welche Farbe, Geschmacksrichtung und welches Temperament und Körperteil Ihrem Zeichen zugeordnet sind. Aufgrund Ihrer Geburtsdaten - Jahr, Tag, Stunde - können Sie in Ihre Zukunft schauen.

Sie können herausfinden, welchen Leuten Sie sympathisch sind und welcher Beruf zu Ihrer Persönlichkeit paßt. Sie können Ihre Gefühlsschwankungen begreifen, ebenso Ihre Reaktionen auf neue Menschen und Umgebungen. Kurz gesagt: Sie erkennen, was Sie einzigartig macht.

Wahrsagestäbchen

Sehr beliebt ist in China auch die alte Wahrsagetechnik mit Stäbchen. Deren Deutung kann man in einem Orakelbuch nachlesen.

Ihr Horoskop

Im Gegensatz zum Kalender der westlichen Welt, der sich am Lauf der Sonne orientiert, richtet sich der chinesische Kalender nach dem Lauf des Mondes.

Zur Berechnung Ihres chinesischen Horoskops überprüfen Sie mit der Tabelle auf Seite 44 und 45 zunächst Ihr Geburtsjahr – vor allem, wenn Ihr Geburtstag in die ersten Monate des Jahres fällt. Das chinesische Jahr beginnt in der Regel erst im Januar oder Februar, und womöglich gehören Sie deshalb zum Vorjahr. Nicht jeder, der 1961 geboren ist, steht auch unter dem Einfluß des Büffels. Vielmehr gehören alle, die vor dem 15. Februar Geburtstag haben, zum Vorjahr, zum Jahr der Ratte.

Der Kreislauf von 60 Jahren

Die Chinesen messen die Zeit in Zyklen von 60 Jahren. Innerhalb dieser Spanne erscheinen fünfmal die zwölf chinesischen Tierkreiszeichen, allerdings jedesmal in leicht abgewandelter Form. Wenn Sie beispielsweise 1953 geboren sind, sind Sie eine Schlange im Gras; ist Ihr Geburtsjahr 1965, sind Sie eine Schlange, die aus der Höhle kommt.

Monat, Tag und Stunde

Die zwölf Monate des chinesischen Kalenders lassen sich nicht mit den zwölf Monaten des westlichen Kalenders gleichsetzen, denn sie richten sich nach dem Lauf des Mondes und nicht nach dem der Sonne. In China hat ein Monat gewöhnlich 29 bis 30 Tage, und alle drei Jahre wird ein zusätzlicher Monat hinzugefügt, um mit der westlichen Kalenderrechnung Schritt zu halten. Eine chinesische Stunde entspricht zwei westlichen, und die zwölf chinesischen Stunden werden den zwölf Tierkreiszeichen zugeordnet.

Jahr, Monat und Stunde Ihrer Geburt sind die entscheidenden Faktoren in der chinesischen Astrologie. Sobald Sie sie berechnet haben, können Sie sich Ihr persönliches Horoskop erstellen.

WASSER

ERDE — GOLD

HOLZ — YIN

FEUER — YANG

Der chinesische Tierkreis

Um die Mitte, das Symbol von Yin und Yang, sind die chinesischen Schriftzeichen für die zwölf Tiere angeordnet. Der Farbstreifen symbolisiert deren Element, und der Außenring zeigt, ob sie Yin oder Yang angehören.

SCHLANGE

Mythen und Legenden

EINER CHINESISCHEN LEGENDE ZUFOLGE WOLLTE DER JADEKAISER, DER HERRSCHER DES HIMMELS, DIE ZWÖLF INTERESSANTESTEN TIERE DER ERDE SEHEN. DIE SCHLANGE ERHIELT DEN VIERTEN RANG.

In China ist die Schlange ein Symbol des Weiblichen. Sie gilt als sehr intelligent, aber auch als hinterhältig. Flußgottheiten nahmen die Gestalt der Schlange an, und sie wurde oft angebetet. Schlangenleber schätzt man wegen ihrer Heilkraft, und man glaubt, daß der Besitz einer Schlangenhaut Reichtum bringt. Ein Traum von einer schwarzen Schlange soll die Geburt eines Mädchens prophezeien, während das Traumbild einer grauen oder weißen Schlange die Geburt eines Knaben vorhersagt. Träumt ein Mann von einer Schlange, so wird er bald eine neue Beziehung zu einer Frau eingehen.

Lächelnde Schlange

Diese fein gearbeitete antike Schlange aus grüner Jade zeigt die gemusterte Schuppenhaut und das typische geheimnisvolle Lächeln.

Die erfolglose Schlange

Vor langer Zeit lebte einmal eine Schlange. Diese Geschöpfe gelten bei den Chinesen als Todesboten, da sie plötzlich auftauchen und schnell töten. Doch unsere Schlange war erfolglos, weder besonders schnell noch übermäßig giftig. Sie tat zwar ihr Bestes, doch niemand erschrak vor ihr. Eines Tages versetzte ihr ein Pferd einen Tritt an den Kopf, so daß sie niemanden mehr beißen oder vergiften konnte. Die Schlange war tief enttäuscht, wollte aber die Hoffnung nicht aufgeben.

Schildkröte und Schlange

Die Schlange auf der Schildkröte symbolisiert die nördliche Himmelsrichtung. Diese Bronzefigur stammt aus der Han-Dynastie (206 v.Chr.-220 n.Chr.).

»Schließlich«, so sagte sie sich, »kann schon der Anblick einer Schlange einem Menschen einen tödlichen Schrekken einjagen.« Sie kroch zum buddhistischen Tempel, doch die Alten und Schwachen dort hatten überhaupt keine Angst vor der Schlange, obwohl sie furchtbar wild und böse dreinblickte.

Tieftraurig beschloß sie, sich noch in derselben Nacht in den Tod zu stürzen. Als Ruhe und Dunkelheit einkehrten, kroch die Schlange langsam aufs Dach der Pagode, ohne einen Dieb zu bemerken, der die Schätze des Tempels davonschleppte. In dem Augenblick, als sich die Schlange in die Tiefe stürzte, blieb der Dieb stehen, und das Tier landete genau auf seinem Nacken.

Mit einem grauenhaften Schrei brach der Dieb zusammen. Die Schlange war wie betäubt, aber sie wurde als Heldin gefeiert. Die Mönche legten ihr im Tempel eine Schlangengrube an, fütterten sie mit Leckerbissen und bereiteten ihr ein überaus angenehmes Leben. So war der erfolglosen Schlange schließlich doch noch Erfolg beschieden.

SCHLANGE

PERSÖNLICHKEIT

IN AUFTRETEN UND ERSCHEINUNG WIRKT DIE SCHLANGE KULTIVIERT, ELEGANT UND HÖFLICH. SIE IST ZUVERSICHTLICH, DEBATTIERFREUDIG UND WISSENSDURSTIG.

Redegewandt und humorvoll stehen Sie oft im Mittelpunkt gesellschaftlicher Ereignisse. Sie lieben den Gedankenaustausch, langweilen sich aber leicht.

Handlungsweise

Sie besitzen ein gutes Urteilsvermögen und große Menschenkenntnis. Wenn Sie sich ein Ziel gesetzt haben, ruhen Sie nicht eher, als bis Sie es erreicht haben.

In der Regel sind Sie geduldig und rücksichtsvoll, auf Drohungen reagieren Sie jedoch scharf und sinnen auf Rache. Da Sie Auseinandersetzungen und Mißerfolge nicht verkraften, sollten Sie Ihre Ziele behutsam ansteuern. Sie erteilen bereitwillig Ratschläge, folgen aber umgekehrt nur ungern dem Rat anderer.

Um sich aus einer schwierigen Situation zu befreien, ist Ihnen jedes

Schlange und Schildkröte

Auf diesem Druck aus dem 16. Jahrhundert symbolisieren Schlange und Schildkröte den Kampf zwischen Yin und Yang. Auf dem Panzer der Schildkröte sind die Himmelskonstellationen und die acht Trigramme des I Ging zu sehen.

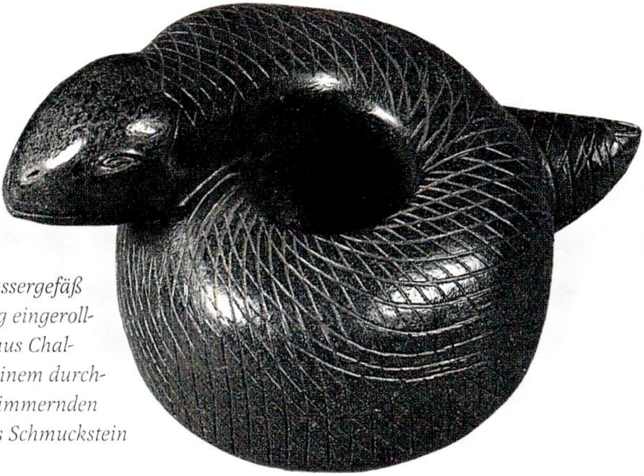

Die kostbare Schlange

Dieses antike Wassergefäß in Form einer eng eingerollten Schlange ist aus Chalzedon gefertigt, einem durchscheinenden, schimmernden Quarz, der oft als Schmuckstein verwendet wird.

Mittel recht. Dieses Verhalten und Ihr Erfolgs- und Leistungsstreben lassen Sie manchmal egoistisch und stolz erscheinen. Doch wenn Ihre Probleme gelöst sind und Sie sich Ihrer Stellung wieder sicher sein können, werden Sie ruhiger und verständnisvoller.

Seelenleben

Sie lieben es, Argumente und Standpunkte auszutauschen und darüber zu diskutieren. Sie sind ruhig und friedliebend, und Ihren langjährigen Freunden bringen Sie großes Vertrauen entgegen.

Andere Menschen fühlen sich von Ihrer geheimnisvollen Aura angezogen und bemühen sich sehr darum, Ihre Zuneigung zu gewinnen. In der Liebe beweisen Sie Sinnlichkeit und Leidenschaft.

Über Menschen, die Ihnen nahestehen, wachen Sie eifersüchtig, und mit allem, was Ihnen wichtig erscheint, gehen Sie äußerst sorgfältig um. In der Elternrolle sind Sie daher fürsorglich, verständnisvoll und immer gesprächsbereit.

Die Schlange als Kind

Die kleine Schlange braucht viel Zärtlichkeit und Aufmerksamkeit; Streit und Spannungen bekommen ihr nicht.

SCHLANGE
LIEBE

DIE SCHLANGE IST VERFÜHRERISCH UND LEIDENSCHAFTLICH. SIE BESITZT EINE STARKE AUSSTRAHLUNG, WACHT EIFERSÜCHTIG ÜBER IHRE LIEBEN UND BRAUCHT DAS GEFÜHL, IHREM PARTNER ALLES ZU BEDEUTEN.

Für Ihre Liebesbeziehungen ist die körperliche Anziehungskraft ebenso wichtig wie die geistige. Sie sprechen gern über Ihre Ideen und Interessen, und wenn Sie erst einmal Ihre Ergänzung gefunden haben, sind Sie ein aufgeschlossener, humorvoller und sensibler Partner.

Trotz Ihrer Eifersucht sind Sie selbst nicht immer treu und beständig. Sogar wenn Sie Seitensprünge machen, klammern Sie sich an Ihren Partner und wollen ihn an der Kandarre halten. Sie stehen gern im Mittelpunkt und sind stets liebenswürdig, aber nach Eifersuchtsszenen ziehen Sie sich auch aus einer intensiven Beziehung zurück.

Ihr idealer Partner ist der Büffel oder der Hahn. Der Büffel toleriert Ihren Egoismus und bietet Ihnen Sicherheit und Behaglichkeit. Der Hahn teilt Ihr Interesse an Äußerlichkeiten, Neuigkeiten und Klatsch und führt gern anregende Gespräche.

Auch mit dem Hasen, der Ziege oder einer anderen Schlange harmonieren Sie gut. Der Hase ist wie Sie an Sicherheit und Bequemlichkeit interessiert und gibt

Die Göttin der Liebe
Kuan Yin, einst in der chinesischen Mythologie eine männliche buddhistische Gottheit, ist heute als Sun-tsu oder Göttin der Gnade bekannt, die Kindersegen schenkt.

Das Rad der Harmonie

Suchen Sie die Tierkreiszeichen, die vor dem gleichen farblichen Hintergrund abgebildet sind wie Ihres. Die Schlange liegt in einem gelben Feld, paßt also am besten zu Hahn und Büffel. Das Symbol in der Mitte steht für das Glück der Zweisamkeit.

Ihnen das Gefühl, die Zügel in der Hand zu haben. Sie schätzen die kreative Ziege, aber die Beziehung wird leicht chaotisch. Die Liebschaft zwischen zwei Schlangen kann sehr intensiv sein, aber unter Umständen müssen Sie lange Trennungen hinnehmen.

Die Beziehung zur Ratte beruht auf gegenseitigem Respekt, verlangt beiden aber auch etwas Toleranz ab. Der freundliche Drache bewundert Ihre Weisheit; und das Schwein kann trotz seiner Naivität gut auf Sie eingehen. Die Tatkraft des Pferdes steht Ihrer eigenen manchmal im Weg. Sie schätzen die Ehrlichkeit des Hundes, und wenn er sich geliebt fühlt, gibt er Ihnen den Freiraum, den Sie brauchen.

Eine Beziehung zum Tiger oder zum Affen dürfte schwierig sein. Der Tiger ist zu lebhaft, und Sie sind zu besitzergreifend. Der Affe ist zwar ebenso intelligent wie Sie, aber zu unbeständig.

Orchidee

Lan Hua, die Orchidee, ist in China die Blume der Liebe und Schönheit. Als Fruchtbarkeitssymbol bedeutet sie reichen Kindersegen.

SCHLANGE

BERUF

DIE SCHLANGE MACHT DAS BESTE AUS IHREN BERUFLICHEN CHANCEN. SIE IST EHRGEIZIG, DOCH WENN SIE IHR ZIEL ERREICHT HAT, IST SIE ZUFRIEDEN UND KANN SICH ENTSPANNEN.

Lehrer

Die Schlange ist scharfsinnig und klug, bei ihr macht das Lernen Spaß. Sie ist nicht nur charmant, sondern kann auch eine angenehme Atmosphäre schaffen, Loyalität wecken, ihre Ideen überzeugend darstellen und aus ihren Fehlern lernen. Daher ist sie für den Lehrberuf wie geschaffen.

SCHULHEFT

Psychologe

Mit ihren hochentwickelten persönlichen Fähigkeiten kann die Schlange in der Psychologie viel erreichen. Auch das Jonglieren liegt der Schlange, weil es hohe Konzentration erfordert.

JONGLIERBÄLLE

BAUKLÖTZE

Gastronom

Ein Restaurant zu führen macht der Schlange Spaß. Sie ist ein Genießer und hat nicht nur Geschmack, sondern auch viele kreative Talente. Mit Vorliebe serviert sie schön arrangierte Delikatessen, wie etwa geräucherte Lachsbällchen oder Schweinefleischklößchen.

Geräucherte Lachsbällchen

Schweinefleischklösschen

Philosoph

Dieser lackierte Geomantiekompaß wird von chinesischen Philosophen zum Feng Shui benutzt, der alten Methode zur Erkundung der verborgenen Kräfte in der Landschaft. Für solche esoterischen Künste interessiert sich die Schlange sehr.

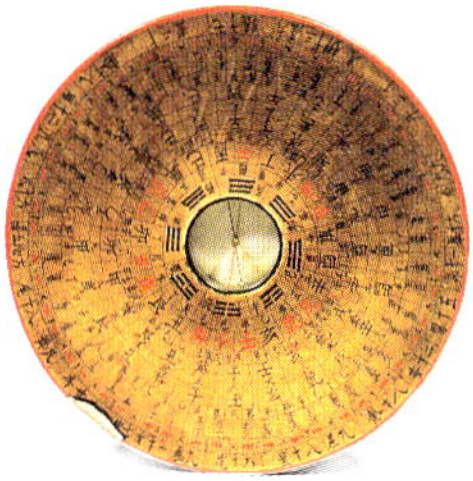

Geomantiekompass

Aktentasche des Anwalts

Jurist

Prozesse zu führen und Mandanten über ihre Rechte und Pflichten aufzuklären, erfordert klares Denken, Zielstrebigkeit und Entschlossenheit. Die Schlange besitzt alle diese Fähigkeiten und verfolgt ihre Vorhaben, ohne zu weichen und zu wanken.

SCHLANGE

GESUNDHEIT

YIN UND YANG SIND IM KÖRPER STÄNDIG IM FLUSS. DIE GESUNDHEIT DES MENSCHEN BERUHT AUF DEM HARMONISCHEN GLEICHGEWICHT ZWISCHEN DEN BEIDEN KRÄFTEN.

Der menschliche Körper wird von zwei Kräften beherrscht, die in uns fließen und die ein natürliches Mindest- und Höchstmaß nicht überschreiten dürfen: der Blutkreislauf, eine Yin-Kraft, und der Fluß der Körperenergie, das Ch'i, das dem Yang zugeordnet ist. Die geringste Verschiebung im Gleichgewicht von Yin und Yang im Körper kann unsere Gesundheit beeinträchtigen. Yang-Krankheiten lassen sich heilen, indem man Yin zuführt, und Krankheiten des Yin werden durch eine Yang-Therapie behandelt. In jedem Menschen herrscht ein anderes Verhältnis von Yin und Yang. Meist hat ein temperamentvoller Mensch starke Yang-Kräfte, während ein friedlicher Mensch eher von Yin-Energien beseelt ist.

Lingchih-Pilz

Auf dieser Schale aus der Ch'ing-Dynastie ist der »unsterbliche« Lingchih-Pilz abgebildet, ein Symbol für langes Leben.

Bevor ein chinesisches Heilmittel verschrieben wird, muß die Stimmung des Patienten berücksichtigt werden. Denn auch Gefühle wie Freude, Zorn, Trauer, Fröhlichkeit, Sorge, Nachdenklichkeit und Angst sollten ausgewogen bleiben. Ist dies erreicht, spricht man von einer Harmonie der sieben Empfindungen.

Engelwurz

Diese Heilpflanze wird in der chinesischen Medizin zur Behandlung gynäkologischer Beschwerden angewandt.

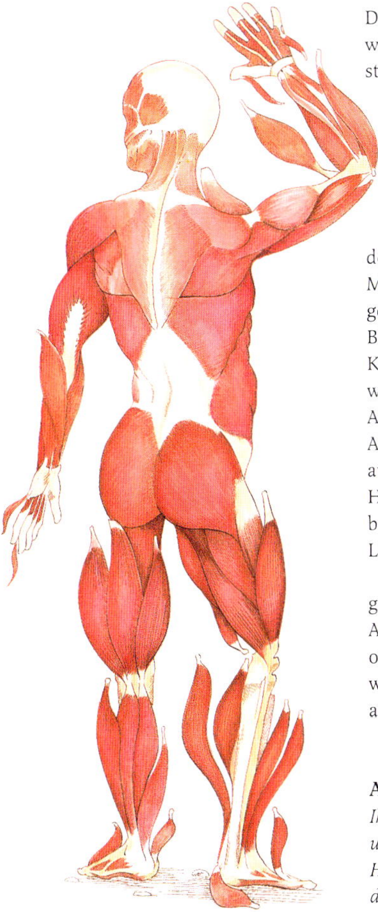

Dem im Jahr der Schlange Geborenen wird das Element Feuer zugeordnet. Es steht in Verbindung mit dem Herzen, dem Dünndarm, der Zunge und dem Puls. Diese Körperpartien haben entscheidenden Einfluß auf Ihre Gesundheit. Außerdem gehören zur Schlange das Gefühl der Freude, bittere Speisen und als Heilkraut der Engelwurz (Angelica archangelica). Man verschreibt es, um Milz und Magen zu erwärmen; es ist günstig für Blut und Ch'i und wirkt kräftigend. Kombiniert mit anderen Kräutern wird Angelica bei Kreislaufstörungen, Atembeschwerden und rheumatischer Arthritis angewandt. Angelica gehört auch zu den Zutaten der »Suppe zur Heilung des Yang und zur Neubelebung der Elemente«, mit der partielle Lähmungen behandelt werden.

Die chinesische Medizin verlangt großes Können, deshalb sollten Sie Angelica und andere Heilkräuter nicht ohne den Rat eines fachkundigen westlichen oder chinesischen Arztes anwenden.

Astrologie und Anatomie

Ihr Element, das Feuer, wird dem Herzen und dem Dünndarm zugeordnet. Das Herz ist ein Yin-Organ, der Dünndarm ein Yang-Organ.

SCHLANGE

HOBBYS

DIE SCHLANGE BEVORZUGT KREATIVE HOBBYS. SIE FRÖNT DEN SCHÖNEN DINGEN IM LEBEN UND VERBRINGT IHRE FREIZEIT GERN MIT GESPRÄCHEN, BÜCHERN UND MUSIZIEREN.

KRISTALLKUGEL

CHINESISCHE JADEPLATTE

Mystik

Kommunikation bedeutet der Schlange so viel, daß sie vielleicht sogar versucht, mit anderen Welten in Kontakt zu treten. Diese schlichte Kristallkugel würde dem Geschmack der Schlange ebenso entsprechen wie die schönen chinesischen Tarotkarten.

CHINESISCHE TAROTKARTEN

Astrologie

Auf dieser antiken Schmuckplatte wird die Schlange mit astronomischen Konstellationen dargestellt.

SCHUTZBRILLE

Schwimmen

Die Schlange möchte zwar fit sein, hält aber nicht viel von übertriebener sportlicher Betätigung. Schwimmen liegt ihr, weil sie sich dabei ungestört im eigenen Tempo bewegen kann. Dieser Sport ist gut für die Atmung und Haltung, fördert also die angeborene Eleganz und Gemütsruhe der Schlange.

BADE-MÜTZEN

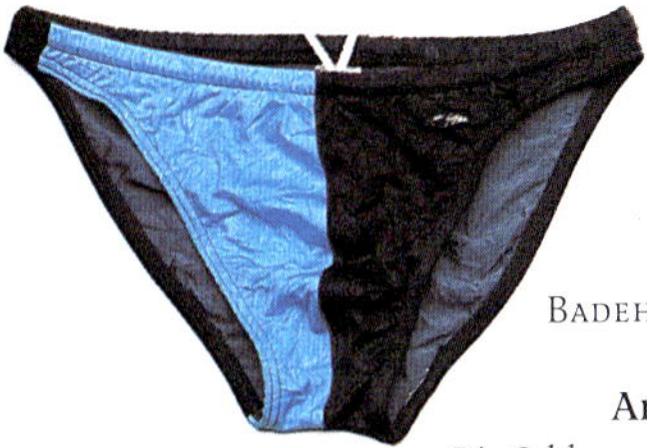

BADEHOSE

Antiquitäten

Die Schlange hat ein Herz für ungewöhnliche Objekte wie etwa diese prachtvolle, liebevoll restaurierte Schale aus der Ch'ing-Dynastie.

CHINESISCHE OBSTSCHALE

ARCHÄOLOGISCHE WERKZEUGE

SPITZHACKEN

Archäologie

Dieses Gebiet fasziniert die Schlange. Der Suche nach exotischen Artefakten widmet sie sich mit Akribie und Sorgfalt.

SCHLANGE

SYMBOLE

JEDEM TIERKREISZEICHEN WIRD EINE BESTIMMTE SPEISE, HIMMELSRICHTUNG, FARBE, EMOTION, ASSOZIATION UND EIN EIGENES SYMBOL ZUGEORDNET. DIE SCHLANGE VERBINDET MAN MIT DEM SOMMER.

Farbe

Zum chinesischen Neujahr schenkt man Kindern kleine rote Umschläge mit Geld, denn Rot symbolisiert langes Leben und Glück. Diese Farbe wird auch mit der Schlange assoziiert.

CHINESISCHER DRUCK MIT SCHLANGENMOTIV

Speise

Die chinesische Astrologie kennt fünf Geschmacksrichtungen – salzig, scharf, bitter, süß und sauer. Zur Schlange gehören bittere Speisen wie Chicorée.

CHICORÉE

CHINESISCHER KOMPASS

Himmelsrichtung

Anders als der westliche Kompaß, der nach Norden weist, zeigt der chinesische nach Süden. Die Himmelsrichtung der Schlange ist der Süden.

HAND-GRANATEN

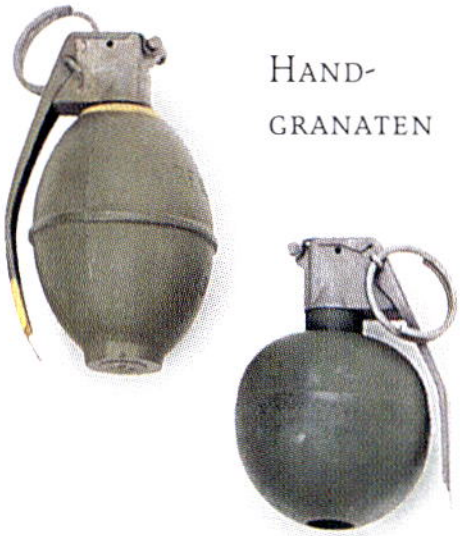

Assoziation

Alle Formen der Kriegsführung werden mit der Schlange in Verbindung gebracht.

GEWICHTE UND FEDERWAAGE

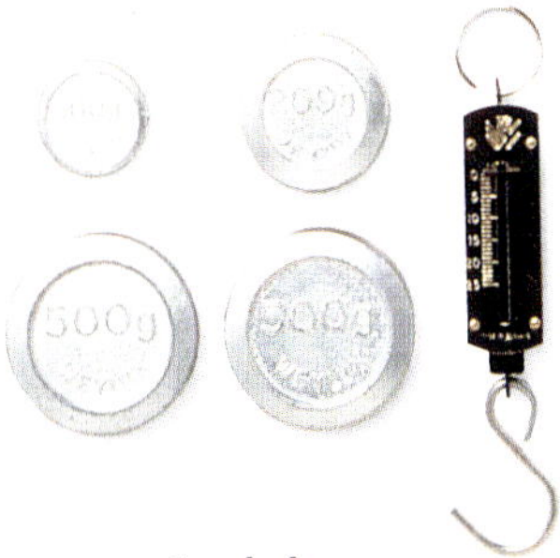

Symbole

Die Symbole der Schlange in der chinesischen Astrologie sind Waagen und Gewichte.

FRÖHLICHES BABY

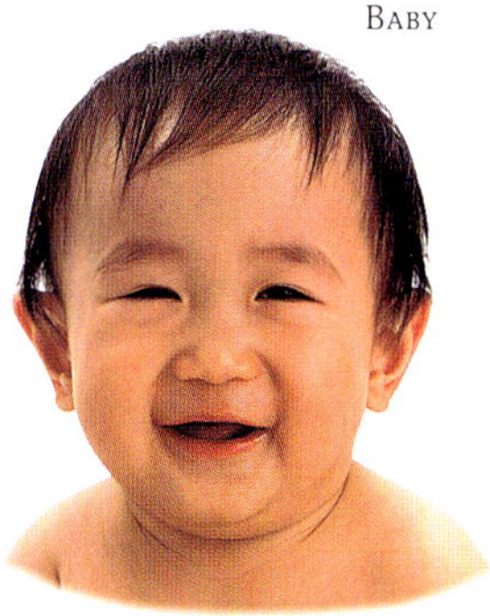

Emotion

Der Schlange wird das Gefühl der Freude zugeordnet.

Die Schlange, die aus der Höhle kommt

1905 und 1965

Diese Schlange ist unsicher, wohin sie sich wenden soll. Ihr Symbol ist die Knospe, die kurz vor dem Erblühen steht.

Obwohl Sie viele Fähigkeiten und Eigenschaften der Schlange besitzen, sind Sie nicht immer so erfolgreich wie andere Ihres Zeichens, denn Sie sind sich nie ganz sicher, was eigentlich vorgeht.

Persönlichkeit

Sie sind allgemein beliebt und aufgrund Ihrer Zuverlässigkeit hochgeschätzt. Dennoch bleibt Ihnen die öffentliche Anerkennung, die andere scheinbar mühelos erringen, oft versagt. Nehmen Sie sich diese Enttäuschung nicht so sehr zu Herzen.

Versuchen Sie sich Ihre Offenheit, Fröhlichkeit und Großzügigkeit zu bewahren. Das kommt Ihnen zustatten, auch wenn Sie nicht die gebührende Anerkennung finden.

Die Schlange, die aus der Höhle kommt, ist neugierig und will alles genau wissen. Es fällt Ihnen schwer, Projekte, die Ihnen viel bedeuten, fallen zu lassen.

Das ist ein Grund dafür, warum Sie voraussichtlich nicht das erwartete Lob erhalten. Sie neigen zu Besessenheit, wenn ein wenig Abstand und Objektivität hilfreicher wären und einen besseren Eindruck hinterließen.

Niemand zweifelt an Ihrer Aufrichtigkeit, doch nicht jeder kann zu Ihnen stehen, wenn Sie eine Sache bis zum bitteren Ende verfolgen. Eine solche Besessenheit kann das Zusammenleben mit anderen ziemlich erschweren.

Weibliche Merkmale

Aufgrund des beruhigenden Yin-Einflusses ist die weibliche Schlange, die aus der Höhle kommt, oft weniger frustriert als die männliche. Sie kann – vorübergehend – sogar große Berühmt-

Schlange, die aus der Höhle kommt

heit erlangen, was nicht als selbstverständlich erachtet werden sollte.

Familie

In all Ihren Beziehungen gilt es, Geben und Nehmen zu lernen. Wahrscheinlich ist es ratsam, wenn Sie erst später im Leben Kinder in die Welt setzen. Dadurch vermindert sich das Risiko, daß es zu Auseinandersetzungen kommt, denn erst mit zunehmender Reife sind Sie der Elternrolle gewachsen.

Aussichten

Bleiben Sie Ihren Idealen treu, und befassen Sie sich weiter mit den Dingen, die Sie interessieren. Erwarten Sie jedoch kein Lob für Ihre harte Arbeit – das werden stets andere einheimsen. Aber vielleicht macht Ihnen das gar nichts aus. Vor allem geht es Ihnen um Gerechtigkeit und Anstand. Halten Sie sich dies als Trost vor Augen, wenn das Leben es einmal nicht so gut mit Ihnen meint.

Die Schlange im Fischteich

1917 und 1977

Manche Schlangen fühlen sich im Wasser wohl, die meisten aber nicht. Vielleicht sind Sie nicht in Ihrem Element, aber Sie sind hartnäckig, denn Ihr Symbol ist die Festigkeit des Nagels.

Es ist unwahrscheinlich, daß Sie je den Mut sinken lassen, denn Sie kennen und akzeptieren Ihre Stellung im Leben, und Sie versuchen stets das Beste daraus zu machen.

Auch wenn Ihr Leben oft nicht leicht ist und Sie nicht immer verwirklichen können, was Sie sich wünschen, bewahren Sie sich Ihre angeborene Hartnäckigkeit. Dieser Charakterzug hilft Ihnen, Situationen zu bewältigen, aber der Kampf kann auch viel Kraft kosten.

Jugend

In jungen Jahren werden Sie oft in Schwierigkeiten verwickelt, aber Sie sollten Ihrem Ärger und Ihrer Enttäuschung nicht freien Lauf lassen. Halten Sie sich stets das Bild des festen Nagels vor Augen – Sie sind zäh, sollten aber nicht immer destruktiv sein.

Karriere

Ihre Anstrengungen bleiben nicht unbemerkt. Ihre Tatkraft und Entschlossenheit werden von Ihren Vorgesetzten gewürdigt, die Ihre Integrität zu schätzen wissen.

Freundschaft

Ihre Hartnäckigkeit dürfte Ihnen auch Probleme bereiten. Folglich sollten Sie, wie es der Schlange entspricht, gute und langjährige Freundschaften pflegen, in denen Sie Unterstützung finden.

Familie

Das älteste Schlangenkind hat es im Leben wahrscheinlich leichter als das zweite oder dritte in der Geschwisterreihe. Die erstgeborene Schlange im Fischteich fühlt sich in ihrem Element viel wohler und kommt daher im Leben besser voran.

Schlange im Fischteich

Partnerschaft

Eine enge Beziehung zu einem gleichberechtigten Partner tut Ihnen gut. Auch wenn Sie oft mit Ihrem Partner streiten, sollten Sie den Mut nicht sinken lassen, denn letztlich entwickeln sich in der konstruktiven Auseinandersetzung echte Zuneigung und eine reife Beziehung.

Kinder

Gehen Sie behutsam mit Ihren Kindern um, und geben Sie ihnen genügend Raum für eine eigenständige Entwicklung. Ermuntern Sie die Kinder, ihren Interessen nachzugehen, auch wenn Sie diese nicht teilen, und gestehen Sie ihnen zu, anders zu sein als Sie.

Die reiche Schlange

1929 und 1989

Die besten und erfolgversprechendsten Eigenschaften der Schlange sind hier vereinigt. Schon der Name verheisst, dass diese Schlange stets grosses Glück geniesst.

Alles Blühende und Erfolgreiche wird Ihnen zugeordnet und verstärkt den Gesamteindruck, daß Sie unter einem guten Zeichen stehen.

Persönlichkeit

In der Regel sind Sie sehr aktiv und unternehmungslustig. Geselligkeit bedeutet Ihnen viel, und Sie langweilen sich schnell, wenn nichts Interessantes passiert. Andere Menschen sind vielleicht enttäuscht, wenn Anregungen fehlen, aber Sie reagieren darauf, indem Sie selbst etwas auf die Beine stellen.

Sie sind sehr attraktiv und können sogar berühmt werden. Was Sie anpakken gelingt, manchmal sogar auf spektakuläre Weise. Menschen, die Anregungen suchen und ihr Leben ändern wollen, wenden sich an Sie, was Ihnen große persönliche Befriedigung und ein gutes Einkommen garantiert.

Weibliche Merkmale

Der Yin-Einfluß kann der weiblichen reichen Schlange Leid bringen. Die Innovationsfreude und Risikobereitschaft der jungen Schlangenfrau wekken oft das Mißtrauen anderer. Wenn sie schließlich ihren Weg gemacht hat und große Erfolge erzielt, kann sie diese Vorurteile abbauen, muß aber privat dafür Opfer bringen.

Freundschaft

Schlangen sind zu echtem Mitgefühl fähig, und es ist ratsam, sich diese Eigenschaft auch angesichts bedeutender Erfolge zu bewahren. Wenn Sie anfangen zu prahlen statt zu handeln und etwas zu leisten, wenden sich Freunde und Kollegen von Ihnen ab. Seien Sie stets freundlich und rücksichtsvoll; Sie können es sich schließlich leisten.

Reiche Schlange

Aussichten

Sie neigen dazu, geizig zu sein. Doch Geiz zeugt von Engstirnigkeit und ist Ihrer unwürdig. Wenn Sie sich auf Ihre berufliche Aufgabe konzentrieren, ist Ihnen der verdiente Lohn gewiß.

Sollten Sie jedoch der Versuchung nachgeben und mit aller Kraft nach materiellen Gütern und persönlichen Vorteilen streben, kann Ihnen daraus nur Leid erwachsen. Es wäre schade, wenn Sie den falschen Weg einschlügen und Ihre Fähigkeiten und Intelligenz mißbrauchten. Auch wenn Sie damit am Ende finanziell besser dastünden, hätten Sie Ihre Integrität geopfert.

Die Schlange im Winterschlaf

1941 und 2001

Damit sie den Winter unbesorgt verschlafen kann, muss diese Schlange ausreichend Nahrung zu sich nehmen. Für die Schlange im Winterschlaf symbolisiert Nahrung Erfolg.

Erfolg ist Ihnen sehr wichtig, und glücklicherweise ist er Ihnen als Schlange ohnehin beschieden. Da Sie jedoch mit dem Schmerz und der Bitterkeit des Winters in Verbindung stehen, müssen Sie vorsichtig sein.

Es könnte bedeuten, daß Sie zwar heute erfolgreich sind, aber für die Zukunft nicht die notwendigen Weichen stellen. Wenn Sie sich diese Warnung zu Herzen nehmen, können Sie unbesorgt die Freuden des Lebens genießen und Gefahren meiden.

Persönlichkeit

Ihr Charakter ist erstaunlich wandlungsfähig. Sofern Sie alle Ihre Kräfte in den materiellen Erfolg investieren, entwickeln Sie nur eine Seite Ihres Wesens. Wenn Sie diese Tendenz aber mäßigen, können Sie Ihre geistige Entwicklung entfalten. Manchmal schwanken Sie zwischen diesen Facetten Ihrer Persönlichkeit hin und her, was auf andere verwirrend wirkt.

Von Natur aus sind Sie leistungsbewußt, ehrgeizig und sparsam. Prinzipiell sind diese Eigenschaften bewunderungswürdig, aber Sie sollten es nicht zu weit treiben, da sonst wertvolle Beziehungen zerstört werden.

Vor allem Ihren Ehrgeiz sollten Sie zügeln, weil er Sie zu Handlungen treiben kann, die Sie später bereuen und mit denen Sie sich vielleicht sogar Feinde machen.

In finanziellen Fragen sollten Sie auf jeden Fall wirtschaftlich denken, was jedoch nicht in Geiz ausarten darf. Genießen Sie das Leben, und gönnen Sie sich hin und wieder etwas, statt immer nur zu sparen.

Sie selbst, Ihre Freundschaften und Beziehungen sollten Ihnen genauso-

Schlange im Winterschlaf

viel oder sogar noch viel mehr wert sein als Geld und Erfolg.

Karriere

Höchstwahrscheinlich wissen Ihre Vorgesetzten Ihre Leistungsbereitschaft zu schätzen und fördern Ihren beruflichen Aufstieg. Hüten Sie sich jedoch, diese Machtstellung zu mißbrauchen. Auf keinen Fall dürfen Sie Ihren Weg nach oben auf Kosten Ihrer Arbeitskollegen machen, denn das könnte für Sie das Ende Ihrer Karriere bedeuten.

Partnerschaft

Aufgrund des Yang-Einflusses muß insbesondere die männliche Schlange im Winterschlaf eine ältere Partnerin finden. Doch auch die Frauen dieses Zeichens brauchen einen älteren Partner, der ihrer starken Persönlichkeit gewachsen ist.

Obwohl Sie in der Regel eine glückliche und ausgeglichene Beziehung führen, flirten Sie gerne. Die Neigung zur Untreue sollten Sie besser im Zaum halten, denn sie bringt nur Leid über Sie und die anderen.

Die Schlange im Gras

1953 und 2013

Ruhelos, voller Fernweh, stets darauf erpicht, neue Projekte anzupacken und noch mehr zu schaffen – das ist die dynamische Schlange im Gras.

Sie sind sehr klug und voller Tatendrang, aber damit machen Sie sich das Leben nicht gerade leicht. Es ist von Nutzen, wenn Sie sich Ihren Vorfahren widmen, denn Ihr Zeichen wird dem Ahnenkult zugeordnet.

Weibliche Merkmale

Der Einfluß der Yin-Kraft verlangt, daß die weibliche Schlange im Gras einflußreichen Leuten gebührende Achtung erweist.

Karriere

Sie finden es unfair und frustrierend, daß Reichtum und Ruhm sich nicht sofort einstellen. Für den Erfolg müssen Sie wirklich hart arbeiten. Versuchen Sie jedoch Ihre Situation vernünftig und objektiv zu bewerten. Das Streben nach Wohlstand und Anerkennung darf nicht zur Besessenheit werden.

Aufgrund Ihrer Intelligenz und der Tatkraft, mit der Sie jede interessante Aufgabe anpacken, werden Sie allgemein bewundert. Wahrscheinlich wird schon bald eine einflußreiche Person auf Sie aufmerksam und fördert Ihre Karriere. Später werden Sie sich aus dieser Verbindung befreien müssen, aber solange sie besteht, ist sie von großem Wert.

Familie

In der Jugend haben Sie vermutlich heftige Auseinandersetzungen mit Ihrer Familie – weil diese Ihren Tatendrang nicht versteht und Sie nicht viel von Vorsicht halten.

Vielleicht ärgern Sie sich sehr über Ihre Angehörigen und halten sich selbst für intelligenter, aber beide Parteien werden aus den Konflikten lernen müssen.

Schlange im Gras

Ihre familiären Probleme beeinträchtigen jedoch nicht den Aufbau einer guten Beziehung zu Ihrem Partner. Das wiederum hat heilsame Auswirkungen auf die Wiederherstellung der Familienbande.

Partnerschaft

Als lebhafte Schlange haben Sie nichts gegen einen Flirt oder gar einen Seitensprung einzuwenden. Daher sollten Sie mit viel Bedacht einen Partner wählen, der Ihre Energie durch Ruhe ausgleicht und Ihnen eine langfristige Perspektive bietet. Sie sollten den sanften, beruhigenden Einfluß Ihres Partners schätzen lernen und nicht weglaufen, weil andere Menschen eventuell etwas attraktiver wirken. Konzentrieren Sie sich lieber auf das Zusammenleben mit Ihrem Partner, dann bleiben Glück und Erfolg nicht aus.

Aussichten

Der finanzielle Erfolg stellt sich erst später im Leben ein, aber glücklicherweise bedeutet Ihnen Geld nicht alles. Wichtiger sind Ihnen Anregungen durch neue Aufgaben und Ideen, bei denen Sie Ihre Fähigkeiten einsetzen können.

Ihr chinesischer Geburtsmonat

Sehen Sie in der Tabelle Ihres Geburtsjahres nach, in welchen Monat Ihr Geburtstag fällt. Wenn Sie zum Beispiel am 30. August 1953 geboren wurden, ist es der 7. chinesische Monat.

1 Lernen Sie sich zu entspannen und Ihre Meinung zu sagen. Lassen Sie nicht immer die anderen den Ton angeben.

2 Ungeachtet Ihrer ruhigen Ausstrahlung können Sie gelegentlich explodieren. Mäßigen Sie Ihr Temperament.

3 Scheinbar haben Sie stets alles unter Kontrolle. Geben Sie ruhig zu, daß Sie manchmal von Sorgen gequält werden.

4 Sie strahlen großen Enthusiasmus aus. In einem freien Beruf können Sie beachtliche Erfolge erzielen.

5 Im Grunde sind Sie rücksichtsvoll, manchmal werden Sie aber gemein. Mit Ihrer Kritik ecken Sie bei den anderen an.

6 Dank Ihrer Ausgeglichenheit werden Sie als fähiger, netter Kollege ebenso geschätzt wie im Freundeskreis.

7 Trotz gelegentlicher Unstimmigkeiten sind Sie beliebt. Bemühen Sie sich, besser zuzuhören, und geben Sie nie auf.

8 Sie besitzen viel Humor. Wenn nötig, übernehmen Sie Verantwortung, arbeiten aber lieber nach dem Konsensprinzip.

9 Sie verfolgen Ihr Ziel entschlossen und unbeirrbar. Nehmen Sie sich mehr Zeit, um Freundschaften aufzubauen.

10 Sie sind beliebt und erfolgreich. Eine einflußreiche Persönlichkeit ebnet Ihnen den Weg nach oben.

11 Sie lassen sich zu leicht von Gefühlen überwältigen. Handeln Sie mit mehr Überlegung.

12 Sie drücken Ihre Gefühle aufrichtig aus. Dank Ihrer Anpassungsfähigkeit werden Sie mit jeder Situation fertig.*

*Einige Jahre enthalten Doppelmonate:

1917: 2. Monat
22. Feb. - 22. März
23. März - 20. April

1941: 6. Monat
25. Juni - 23. Juli
24. Juli - 22. Aug.

2001: 4. Monat
23. April - 22. Mai
23. Mai - 20. Juni

1905	
4. Feb. - 5. März	1
6. März - 4. April	2
5. April - 3. Mai	3
4. Mai - 2. Juni	4
3. Juni - 2. Juli	5
3. Juli - 31. Juli	6
1. Aug. - 29. Aug.	7
30. Aug. - 28. Sept.	8
29. Sept. - 27. Okt.	9
28. Okt. - 26. Nov.	10
27. Nov. - 25. Dez.	11
26. Dez. - 24. Jan. 1906	12

1917	
23. Jan. - 21. Feb.	1
*Siehe Kasten »Doppelmonate«	2
21. April - 20. Mai	3
21. Mai - 18. Juni	4
19. Juni - 18. Juli	5
19. Juli - 17. Aug	6
18. Aug. - 15. Sept.	7
16. Sept. - 15. Okt.	8
16. Okt. - 14. Nov.	9
15. Nov. - 13. Dez.	10
14. Dez. - 12. Jan. 1918	11
13. Jan. - 10. Feb.	12

1929	
10. Feb. - 10. März	1
11. März - 18. April	2
19. April - 8. Mai	3
9. Mai - 6. Juni	4
7. Juni - 6. Juli	5
7. Juli - 4. Aug.	6
5. Aug. - 2. Sept.	7
3. Sept. - 2. Okt.	8
3. Okt. - 30. Okt.	9
1. Nov. - 30. Nov.	10
1. Dez. - 30. Dez.	11
31. Dez. - 29. Jan. 1930	12

1941	
27. Jan. - 25. Feb.	1
26. Feb. - 27. März	2
28. März - 25. April	3
26. April - 25. Mai	4
26. Mai - 24. Juni	5
*Siehe Kasten »Doppelmonate«	6
23. Aug. - 20. Sept.	7
21. Sept. - 19. Okt.	8
20. Okt. - 18. Nov.	9
19. Nov. - 17. Dez.	10
18. Dez. - 16. Jan. 1942	11
17. Jan. - 14. Feb.	12

1953	
14. Feb. - 14. März	1
15. März - 13. April	2
14. April - 12. Mai	3
13. Mai - 10. Juni	4
11. Juni - 10. Juli	5
11. Juli - 8. Aug.	6
9. Aug. - 7. Sept.	7
8. Sept. - 7. Okt.	8
8. Okt. - 6. Nov.	9
7. Nov. - 5. Dez.	10
6. Dez. - 4. Jan. 1954	11
5. Jan. - 2. Feb.	12

1965	
2. Feb. - 2. März	1
3. März - 1. April	2
2. April - 30. April	3
1. Mai - 30. Mai	4
31. Mai - 28. Juni	5
29. Juni - 27. Juli	6
28. Juli - 26. Aug.	7
27. Aug. - 24. Sept.	8
25. Sept. - 23. Okt.	9
24. Okt. - 22. Nov.	10
23. Nov. - 22. Dez.	11
23. Dez. - 20. Jan. 1966	12

1977	
18. Feb. - 19. März	1
20. März - 17. April	2
18. April - 17. Mai	3
18. Mai - 16. Juni	4
17. Juni - 15. Juli	5
16. Juli - 14. Aug.	6
15. Aug. - 12. Sept.	7
13. Sept. - 12. Okt.	8
13. Okt. - 10. Nov.	9
11. Nov. - 10. Dez.	10
11. Dez. - 8. Jan. 1978	11
9. Jan. - 6. Feb.	12

1989	
6. Feb. - 7. März	1
8. März - 5. April	2
6. April - 4. Mai	3
5. Mai - 3. Juni	4
4. Juni - 2. Juli	5
3. Juli - 31. Juli	6
1. Aug. - 30. Aug.	7
31. Aug. - 29. Sept.	8
30. Sept. - 28. Okt.	9
29. Okt. - 27. Nov.	10
28. Nov. - 27. Dez.	11
28. Dez. - 26. Jan. 1990	12

2001	
24. Jan. - 22. Feb.	1
23. Feb. - 24. März	2
25. März - 22. April	3
*Siehe Kasten »Doppelmonate«	4
21. Juni - 20. Juli	5
21. Juli - 18. Aug.	6
19. Aug. - 16. Sept.	7
17. Sept. - 16. Okt.	8
17. Okt. - 14. Nov.	9
15. Nov. - 14. Dez.	10
15. Dez. - 12. Jan. 2002	11
13. Jan. - 11. Feb.	12

Ihr chinesischer Geburtstag

Zunächst stellen Sie mit Hilfe der Tabelle auf Seite 37 den Beginn Ihres chinesischen Geburtsmonats fest, dann errechnen Sie anhand der hier abgebildeten Tabelle Ihren Geburtstag.

Wenn Sie am 5. Mai 1953 geboren wurden, fällt Ihr Geburtstag in den chinesischen Monat, der am 14. April beginnt. Suchen Sie unten in der Tabelle die 14. Zählen Sie von hier die Tage bis zu Ihrem Geburtstag. Bedenken Sie, daß nicht alle Monate 31 Tage haben. In unserem Beispiel sind Sie am 22. Tag des chinesischen Monats geboren. Sind Sie in einem Doppelmonat geboren, zählen Sie einfach die Tage vom ersten Tag Ihres Geburtsmonats.

1	2	3	4	5	6	7
8	9	10	11	12	13	14
15	16	17	18	19	20	21
22	23	24	25	26	27	28
29	30	31				

1., 10., 19. oder 28. Tag
Sie sind zuverlässig und verlangen viel von sich und anderen, neigen aber zu übertriebener Eile. Lassen Sie Vorsicht walten, und denken Sie nicht nur an sich. Vielleicht kommen Sie unverhofft zu Geld, trotzdem sollten Sie gut haushalten. Beruflich stehen Sie gern in der Öffentlichkeit.

2., 11., 20. oder 29. Tag
Sie sind aufrichtig und allgemein beliebt. Obwohl Sie Ruhe lieben, brauchen Sie den Umgang mit Menschen. Sie können das Leben genießen und machen das Beste daraus. Ihnen steht eine literarische oder künstlerische Karriere offen.

3., 12., 21. oder 30. Tag
Sie besitzen eine rasche Auffassungsgabe, gelten aber als schwierig, was manche Leute abschreckt. Sie sind sehr diszipliniert, kämpfen für die Wahrheit und können sich in allen Berufen mit Wettbewerbscharakter profilieren.

4., 13., 22. oder 31. Tag

Sie sind sehr warmherzig, wirken aber oft reserviert und unnahbar. Wenn Sie mehr aus sich herausgehen und kontaktfreudiger werden, können Sie bald neue Freunde gewinnen. Ihre ruhige, geduldige Art prädestiniert Sie für eine Karriere als Akademiker oder Wissenschaftler.

5., 14. oder 23. Tag

Ihre hitzköpfige Art und Ihre Sturheit hindern Sie oft daran, auf die Vorschläge oder Meinungen anderer einzugehen. Das führt nicht selten zu Streitereien und Problemen. In Geldangelegenheiten haben Sie eine glückliche Hand, nicht selten investieren Sie Ihre Gewinne in neue Projekte. Mit Ihrer angeborenen Intelligenz sind Sie auch hohen beruflichen Anforderungen gewachsen.

6., 15. oder 24. Tag

Sie haben ein offenes, heiteres Wesen und sind seelisch gefestigt. Ihr reiches Gefühlsleben fördert die Neigung zu Tagträumen. Das schafft gelegentlich Verwirrung, und Ihre Hilfsbereitschaft wird leicht durch Unentschlossenheit gelähmt. Obwohl Ihnen großer Reichtum versagt bleibt, haben Sie immer genug zum Leben.

7., 16. oder 25. Tag

Gegen ein wenig Aufregung haben Sie nichts einzuwenden, aber Sie müssen lernen, realistischer und disziplinierter zu sein. Auch als geborener Entertainer, dem kaum etwas verübelt wird, sollten Sie sich hüten, Ihre Freunde vor den Kopf zu stoßen. Im Beruf ist Ihnen Reisen wichtiger als die Höhe des Gehalts oder ein hoher Lebensstandard.

8., 17. oder 26. Tag

Sie besitzen ein gutes Urteilsvermögen, sollten aber nicht überstürzt handeln. Gelegentlich mangelt es Ihnen an Taktgefühl und Einfühlungsvermögen: Bemühen Sie sich, mehr auf andere einzugehen. Sie lernen Armut, aber auch Reichtum kennen. Ihr Unabhängigkeitsstreben, Ihre Ruhe und Entschlossenheit qualifizieren Sie für einen freien Beruf.

9., 18. oder 27. Tag

Sie sind mit Glück, Optimismus und Warmherzigkeit gesegnet. In Ihrem Tatendrang lassen Sie sich nicht von trivialen Problemen bremsen. Gelegentlich suchen Sie unnötig Streit. Bemühen Sie sich also, Ihre Launen zu mäßigen. Am besten machen Sie sich als Chef Ihrer eigenen Firma selbständig.

Ihre chinesische Geburtsstunde

Eine chinesische Stunde entspricht zwei Stunden westlicher Zeit. Jeder Doppelstunde wird eines der zwölf Tierkreiszeichen zugeordnet.

23.00–1.00 Uhr: Ratte

Sie sind unabhängig und haben ein hitziges Temperament. Überlegen Sie sorgfältig, was Sie sagen. Ihre Sparsamkeit ist im Geschäftsleben ebenso nützlich wie im Haushalt. Sie helfen gern Ihren Freunden, und diese werden es Ihnen danken.

1.00–3.00 Uhr: Büffel

Bis zum Alter von 20 Jahren könnte Ihr Leben schwierig verlaufen, aber nach dieser harten Anfangsphase haben Sie mehr Glück. Im Berufsleben sollten Sie bereit sein, Wagnisse einzugehen, wenn Sie Ihr Ziel erreichen wollen. Im Alter ist Ihnen Wohlstand beschieden.

3.00–5.00 Uhr: Tiger

Sie sind lebhaft und kreativ, was in jungen Jahren zu Familienstreitigkeiten führen kann. Zwischen dem zwanzigsten und vierzigsten Lebensjahr können Probleme auftreten. Doch danach wird sich das Glück wieder zu Ihrem Vorteil wenden.

5.00–7.00 Uhr: Hase

Ihre Eltern stehen zu Ihnen, aber mit den Geschwistern kann es zu Rivalitäten kommen. Vielleicht müssen Sie, um beruflich voranzukommen, in eine andere Stadt ziehen, fern von Freunden und Familie. Feste Beziehungen entwickeln sich langsam. Ab der Lebensmitte kommen Sie mit Ihren Mitmenschen viel besser aus.

7.00–9.00 Uhr: Drache

Sie sind aufgeweckt, entschlußfreudig und ziehen andere Menschen an. Obwohl Sie mitten im Leben stehen, fühlen Sie sich manchmal einsam. Ihr übersteigertes Selbstbewußtsein könnte sich ungünstig auf Ihre Beziehungen auswirken. Sie erreichen einen hohen Lebensstandard.

9.00–11.00 Uhr: Schlange

Mit Ihrem Talent fürs Geschäftsleben fällt es Ihnen leicht, Karriere zu machen und Ihre Familie zu ernähren. Sie sind überaus großzügig und helfen bereitwillig Ihren in Not geratenen Freunden. Achten Sie darauf, daß Unstimmigkeiten innerhalb der Familie immer schnell bereinigt werden.

11.00– 13.00 Uhr: Pferd

Sie sind aktiv, klug und hartnäckig. Schlagen Sie gute Ratschläge nicht in den Wind. Sie reisen gern und lieben Abwechslung. Ein allzu extravagantes Leben könnte Sie jedoch in finanzielle Schwierigkeiten bringen.

13.00–15.00 Uhr: Ziege

Aufgrund Ihrer großen Aktivität fällt es Ihnen schwer, stabile Beziehungen zu Angehörigen, Freunden und Partnern aufzubauen. Trotz Ihrer Intelligenz dürfen Sie anderen nicht Ihre Meinung aufzwingen. In mittleren Jahren macht sich das Glück etwas rar.

15.00–17.00 Uhr: Affe

Sie geben das Geld ebenso schnell aus, wie Sie es verdienen. Sie haben eine große Anziehungskraft, aber Sie können auch Enttäuschungen bereiten. Vielleicht haben Sie von Ihren Eltern nicht genug Unterstützung erhalten. Ihre Partnerschaft ist in der Regel gut. Versuchen Sie, eventuelle Probleme möglichst schnell zu lösen.

17.00–19.00 Uhr: Hahn

Als Jugendlicher haben Sie oft Streit mit Ihrer Familie. Manchmal entsteht dadurch eine tiefe Kluft, die sich jedoch mit der Zeit sicher wieder schließen läßt. Sie sind zuverlässig, freundlich und warmherzig und würden nie absichtlich jemanden verletzen.

19.00–21.00 Uhr: Hund

Mit Ihrem Mut, Können und Fleiß sind Sie der ideale Freiberufler, und Sie werden vermutlich eine vielversprechende Karriere machen. Allerdings sollten Sie sich vor Ungeduld und Eitelkeit hüten. Lebensqualität wird Ihnen immer wichtiger sein als finanzielles Vermögen.

21.00–23.00 Uhr: Schwein

Ihre besondere Begabung liegt im Handwerklichen, und Sie stellen an sich selbst immer die höchsten Anforderungen. Trotz Ihrer Warmherzigkeit beschränkt sich Ihr Freundeskreis auf wenige Menschen. Wer Ihnen nahesteht, genießt jedoch Ihr uneingeschränktes Vertrauen. Sie sind leicht in Rage zu bringen, vergeben und vergessen aber auch schnell.

Ihr Schicksal im Lauf der Jahre

Nicht in jedem Jahr des Tierkreises geht es der Schlange gleich gut. Sie sollten sich auf die positiven Aspekte konzentrieren und dem scheinbar Negativen mit Vorsicht begegnen.

Jahr der Ratte

In Herzensangelegenheiten und im Beruf geht im Jahr der Ratte alles glatt. Vielleicht haben Sie kleinere Geldsorgen, aber dieses Jahr ist insgesamt so günstig, daß solche trivialen Probleme unbedeutend erscheinen. Genießen Sie Ihren Erfolg.

Jahr des Büffels

Ein beruflicher oder geschäftlicher Neuanfang oder andere Investitionen sind in diesem Jahr wenig erfolgversprechend. Risiken überlassen Sie besser anderen Leuten und konzentrieren sich auf das Vertraute, Realistische und Erreichbare.

Jahr des Tigers

Im Jahr des Tigers geht es bergab und bergauf. Zum Jahresanfang gibt es Streit und Meinungsverschiedenheiten, die sich jedoch mit der Zeit auflösen, so daß das Jahr schließlich glücklich endet.

Jahr des Hasen

Dieses Jahr steht unter dem Motto: Ein Unglück kommt selten allein. Machen Sie sich auf Probleme gefaßt. Der beste Zufluchtsort in stürmischen Zeiten ist die Familie. Üben Sie Zurückhaltung, und warten Sie geduldig ab, dann wird sich alles zum Besseren wenden.

Jahr des Drachen

In diesem Jahr fallen Sie leicht auf Lügen und Täuschungsmanöver herein. Oft sind Spannungen im Familienleben die Folge. Beachten Sie dieses Geschwätz nicht, und lassen Sie sich nicht aus dem Gleichgewicht bringen.

Jahr der Schlange

Im Jahr der Schlange können Ihnen viele Schwierigkeiten blühen. Bleiben Sie vorsichtig, und wählen Sie Ihre Freunde und Partner mit Bedacht. Mit deren Hilfe könnte es Ihnen nämlich gelingen, die größten Probleme zu bewältigen.

Jahr des Pferdes

Durch Krankheiten und diverse finanzielle Schwierigkeiten werden Ihnen im Jahr des Pferdes wahrscheinlich ernstliche Veränderungen aufgezwungen. Die Flucht vor Problemen oder aber die Suche nach Arbeit führt Sie möglicherweise ins Ausland.

Jahr der Ziege

Leider sind Sie im Jahr der Ziege vom Pech verfolgt. Schwierigkeiten sowohl in der Familie als auch im Beruf nehmen überhand und frustrieren Sie maßlos. Es empfiehlt sich, ruhig und geduldig auf bessere Zeiten zu warten.

Jahr des Affen

Zunächst scheint es so , als wäre dieses Jahr genauso kompliziert wie das letzte, denn Sie sehen sich wieder mit ähnlichen Problemen konfrontiert. Doch im Lauf des Jahres wendet sich das Blatt, und Sie können einige Erfolge verbuchen.

Jahr des Hahns

Familiär und beruflich lacht Ihnen in diesem Jahr das Glück. Lassen Sie sich durch eventuell auftretende Schwierigkeiten nicht von den großartigen Möglichkeiten ablenken, die sich schon bald auftun.

Jahr des Hundes

Reisen und Herzensangelegenheiten stehen im Jahr des Hundes unter einem besonders guten Stern. Um Probleme durch eine mögliche Krankheit zu vermeiden, sollten Sie verstärkt auf Ihr körperliches und seelisches Wohlbefinden achten.

Jahr des Schweins

In diesem Jahr haben Sie finanziell großen Erfolg, aber leider kann das schädliche Auswirkungen auf Ihre privaten Beziehungen haben. Versuchen Sie sich Ihre Zeit besser einzuteilen, und gehen Sie mit viel Umsicht und Bedacht vor.

Ihr chinesisches Geburtsjahr

Ihr Tierkreiszeichen richtet sich nach Ihrem chinesischen Geburtsjahr. Dieses ist der wichtigste Schlüssel zum chinesischen Horoskop.

In der linken Spalte der Tabelle ist Ihr Geburtsjahr nach dem westlichen Kalender verzeichnet. In der rechten Spalte derselben Zeile finden Sie Ihr chinesisches Tierkreiszeichen. Achten Sie jedoch auf den Jahresbeginn in der mittleren Spalte der Tabelle, wenn Sie in den ersten Monaten des Jahres geboren sind.

Beispiel: Sie sind 1966 geboren, vermutlich also im Jahr des Pferdes; liegt Ihr Geburtstag jedoch vor dem 21. Januar, gehören Sie in das Jahr der Schlange.

1900	31. Jan. - 18. Feb. 1901	Ratte
1901	19. Feb. - 7. Feb. 1902	Büffel
1902	8. Feb. - 28. Jan. 1903	Tiger
1903	29. Jan. - 15. Feb. 1904	Hase
1904	16. Feb. - 3. Feb. 1905	Drache
1905	4. Feb. - 24. Jan. 1906	Schlange
1906	25. Jan. - 12. Feb. 1907	Pferd
1907	13. Feb. - 1. Feb. 1908	Ziege
1908	2. Feb. - 21. Jan. 1909	Affe
1909	22. Jan. - 9. Feb. 1910	Hahn
1910	10. Feb. - 29. Jan. 1911	Hund
1911	30. Jan. - 17. Feb. 1912	Schwein
1912	18. Feb. - 5. Feb. 1913	Ratte
1913	6. Feb. - 25. Jan. 1914	Büffel
1914	26. Jan. - 13. Feb. 1915	Tiger
1915	14. Feb. - 2. Feb. 1916	Hase
1916	3. Feb. - 22. Jan. 1917	Drache

1917	23. Jan. - 10. Feb. 1918	Schlange
1918	11. Feb. - 31. Jan. 1919	Pferd
1919	1. Feb. - 19. Feb. 1920	Ziege
1920	20. Feb. - 7. Feb. 1921	Affe
1921	8. Feb. - 27. Jan. 1922	Hahn
1922	28. Jan. - 15. Feb. 1923	Hund
1923	16. Feb. - 4. Feb. 1924	Schwein
1924	5. Feb. - 23. Jan. 1925	Ratte
1925	24. Jan. - 12. Feb. 1926	Büffel
1926	13. Feb. - 1. Feb. 1927	Tiger
1927	2. Feb. - 22. Jan. 1928	Hase
1928	23. Jan. - 9. Feb. 1929	Drache
1929	10. Feb. - 29. Jan. 1930	Schlange
1930	30. Jan. - 16. Feb. 1931	Pferd
1931	17. Feb. - 5. Feb. 1932	Ziege
1932	6. Feb. - 25. Jan. 1933	Affe
1933	26. Jan. - 13. Feb. 1934	Hahn

1934	14. Feb. - 3. Feb. 1935	Hund
1935	4. Feb. - 23. Jan. 1936	Schwein
1936	24. Jan. - 10. Feb. 1937	Ratte
1937	11. Feb. - 30. Jan. 1938	Büffel
1938	31. Jan. - 18. Feb. 1939	Tiger
1939	19. Feb. - 7. Feb. 1940	Hase
1940	8. Feb. - 26. Jan. 1941	Drache
1941	27. Jan. - 14. Feb. 1942	Schlange
1942	15. Feb. - 4. Feb. 1943	Pferd
1943	5. Feb. - 24. Jan. 1944	Ziege
1944	24. Jan. - 12. Feb. 1945	Affe
1945	13. Feb. - 1. Feb. 1946	Hahn
1946	2. Feb. - 21. Jan. 1947	Hund
1947	22. Jan. - 9. Feb. 1948	Schwein
1948	10. Feb. - 28. Jan. 1949	Ratte
1949	29. Jan. - 16. Feb. 1950	Büffel
1950	17. Feb. - 5. Feb. 1951	Tiger
1951	6. Feb. - 26. Jan. 1952	Hase
1952	27. Jan. - 13. Feb. 1953	Drache
1953	14. Feb. - 2. Feb. 1954	Schlange
1954	3. Feb. - 23. Jan. 1955	Pferd
1955	24. Jan. - 11. Feb. 1956	Ziege
1956	12. Feb. - 30. Jan. 1957	Affe
1957	31. Jan. - 17. Feb. 1958	Hahn
1958	18. Feb. - 7. Feb. 1959	Hund
1959	8. Feb. - 27. Jan. 1960	Schwein
1960	28. Jan. - 14. Feb. 1961	Ratte
1961	15. Feb. - 4. Feb. 1962	Büffel
1962	5. Feb. - 24. Jan. 1963	Tiger
1963	25. Jan. - 12. Feb. 1964	Hase
1964	13. Feb. - 1. Feb. 1965	Drache
1965	2. Feb. - 20. Jan. 1966	Schlange
1966	21. Jan. - 8. Feb. 1967	Pferd
1967	9. Feb. - 29. Jan. 1968	Ziege
1968	30. Jan. - 16. Feb. 1969	Affe
1969	17. Feb. - 5. Feb. 1970	Hahn
1970	6. Feb. - 26. Jan. 1971	Hund

1971	27. Jan. - 14. Feb. 1972	Schwein
1972	15. Feb. - 2. Feb. 1973	Ratte
1973	3. Feb. - 22. Jan. 1974	Büffel
1974	23. Jan. - 10. Feb. 1975	Tiger
1975	11. Feb. - 30. Jan. 1976	Hase
1976	31. Jan. - 17. Feb. 1977	Drache
1977	18. Feb. - 6. Feb. 1978	Schlange
1978	7. Feb. - 27. Jan. 1979	Pferd
1979	28. Jan. - 15. Feb. 1980	Ziege
1980	16. Feb. - 4. Feb. 1981	Affe
1981	5. Feb. - 24. Jan. 1982	Hahn
1982	25. Jan. - 12. Feb. 1983	Hund
1983	13. Feb. - 1. Feb. 1984	Schwein
1984	2. Feb. - 19. Feb. 1985	Ratte
1985	20. Feb. - 8. Feb. 1986	Büffel
1986	9. Feb. - 28. Jan. 1987	Tiger
1987	29. Jan. - 16. Feb. 1988	Hase
1988	17. Feb. - 5. Feb. 1989	Drache
1989	6. Feb. - 26. Jan. 1990	Schlange
1990	27. Jan. - 14. Feb. 1991	Pferd
1991	15. Feb. - 3. Feb. 1992	Ziege
1992	4. Feb. - 22. Jan. 1993	Affe
1993	23. Jan. - 9. Feb. 1994	Hahn
1994	10. Feb. - 30. Jan. 1995	Hund
1995	31. Jan. - 18. Feb. 1996	Schwein
1996	19. Feb. - 6. Feb. 1997	Ratte
1997	7. Feb. - 27. Jan. 1998	Büffel
1998	28. Jan. - 15. Feb. 1999	Tiger
1999	16. Feb. - 4. Feb. 2000	Hase
2000	5. Feb. - 23. Jan. 2001	Drache
2001	24. Jan. - 11. Feb. 2002	Schlange
2002	12. Feb. - 31. Jan. 2003	Pferd
2003	1. Feb. - 21. Jan. 2004	Ziege
2004	22. Jan. - 8. Feb. 2005	Affe
2005	9. Feb. - 28. Jan. 2006	Hahn
2006	29. Jan. - 17. Feb. 2007	Hund
2007	18. Feb. - 6. Feb. 2008	Schwein